2008 年粮食危机后的粮食与农业政策趋势

——对农业发展问题的重新关注

著 者　马特内·梅兹　玛丽亚娜·阿吉雷　苏奈·金
　　　　亚莎嫚·马丁罗姗　昆达里娜·旁格拉齐奥
　　　　瓦兰蒂娜·帕尔内恺勒

翻 译　赵学尽

审 校　刘武兵　李 婷

中国农业出版社
联合国粮食及农业组织
2017·北京

07－CPP14/15

本出版物原版为英文，即 *Food and Agricultural Policy Trends after the* 2008 *Food Security Crisis：Renewed Attention to Agricultural Development*，由联合国粮食及农业组织（粮农组织）于 2011 年出版。此中文翻译由中国农业科学院农业信息研究所安排并对翻译的准确性及质量负全部责任。如有出入，应以英文原版为准。

本信息产品中使用的名称和介绍的材料，并不意味着联合国粮食及农业组织（粮农组织）对任何国家、领地、城市、地区或其当局的法律或发展状态，或对其国界或边界的划分表示任何意见。提及具体的公司或厂商产品，无论是否含有专利，并不意味着这些公司或产品得到粮农组织的认可或推荐，优于未提及的其他类似公司或产品。

ISBN 978-92-5-509580-1（粮农组织）
ISBN 978-7-109-22578-7（中国农业出版社）

粮农组织鼓励对本信息产品中的材料进行使用、复制和传播。除非另有说明，可拷贝、下载和打印材料，供个人学习、研究和教学所用，或供非商业性产品或服务所用，但必须恰当地说明粮农组织为信息来源及版权所有者，且不得以任何方式暗示粮农组织认可用户的观点、产品或服务。

所有关于翻译权、改编权以及转售权和其他商业性使用权的申请，应递交至www.fao.org/contact-us/licence-request 或 copyright@fao.org。

粮农组织信息产品可在粮农组织网站（www.fao.org/publications）获得并通过publications-sales@fao.org 购买。

ⓒ 粮农组织 2011 年（英文版）
ⓒ 粮农组织 2017 年（中文版）

联合国粮食及农业组织（FAO）
中文出版计划丛书
译审委员会

主　任　童玉娥
副主任　罗　鸣　蔺惠芳　宋　毅　孟宪学
　　　　周国民
编　委　赵立军　张蕙杰　刘爱芳　徐　晖
　　　　徐　猛　安　全　王　川　王　晶
　　　　张夕珺　许晓野　傅永东　黄　敏
　　　　郑　君　熊　露

致　谢
ACKNOWLEDGEMENTS

　　本文的发表离不开西班牙王国政府的支持，在此作者对西班牙为粮食和农业政策决策分析（FAPDA）提供的持续支持表达诚挚谢意。

　　作者向对本文有重要信息收集贡献的 Mélanie Canet、Giovanni Carrasco、Stefania Croce、Valentina Franchi、Debrah Maleni、Aïcha Mechri、Solomon Mkumbwa 和 Joan Nimarkoh 表示感谢。

　　特别感谢 Vito Cistulli、Mulat Demeke 和 Jean Balié 对本文提供宝贵意见和建议。

　　感谢 Liliana Balbi、Günther Feiler 和 Paola Landolfi 在整个工作过程中给予的支持。

　　感谢粮农组织政策及计划制定支持司司长 Richard China 先生，政策援助支持服务部主任 David Phiri 先生给予的不断鼓励和支持。

　　最后，感谢所有为 FAPDA 提供支持的粮农组织各办事处的政策官员，以及为本文撰写提供研究素材的国家顾问。

目 录
CONTENTS

I. 介　绍

在经过几十年的低迷后，世界粮食价格在 2007—2008 年的危机期间达到峰值，在 2008 年末至 2009 年再次下跌。但粮食类产品的消费价格仍高于历史水平[①]。这种影响可以从发展中国家反贫困人口比例的下降（从 1995—1997 年的 18％下降到 2004—2006 年的 16％）[②] 等事例中感受到。联合国粮食及农业组织和经济合作与发展组织（FAO - OECD）的展望报告预测世界粮食价格在未来将继续高于 2007—2008 年危机前的水平。2010 年下半年到 2011 年初，从 FAO 记录的粮食价格指数情况看，新一轮的价格上涨将开始。这种变化的形势也体现为政府政策的变化。本文的目的在于分析政策变化的趋势，特别是 2008 年 10 月到 2010 年中期政府的决策情况。

本文涉及的分析期中，对粮食安全问题仍处于高度敏感状态，因为这一时期还伴随着金融和经济危机的高潮期。从微观层面看，弱势群体的收入和就业机会受到了极大冲击[③]；从宏观层面看，刺激经济增长的压力促使了 2009—2010 年期间财政刺激计划的实施，该计划在很多情况下以长期的财政赤字为代价[④][⑤]。此外，援助计划和投资流动性的降低影响了发展中国家。而且 2010 年恶劣的天气条件造成主要生产国减产，再度引发了对粮食价格问题的担忧。如果对粮食问题缺乏有力和持续的努力，这是对全球粮食安全仍处于风险期的一个警示。

粮食安全和金融危机的爆发促使我们需要尽快建立一个政策监控系统，一

---

① IMF，2008 年。国际金融统计年鉴（2008 年），国际货币基金组织（IMF），统计部，美国华盛顿特区。

② Ecofair 贸易对话网站：http：//www. ecofair - trade. org/pics/en/WSFS _ Financial _ crisis _ food _ security. pdf。

③ UNSCN，2009 年。联合国安理会概要，2009 年全球金融和经济危机——最脆弱的群体遭受日益严重饥饿和营养不良威胁。联合国营养常务委员会。

④ 弗里德曼等，2009 年。全球财政刺激案例研究，员工笔记 SPN/09/03，国际货币基金组织，美国华盛顿特区。

⑤ OECD，2009 年。财政刺激的效益和范围，中期经济展望，经济合作与发展组织，法国巴黎。

方面为各种利益相关者提供揭示风险的预警信息，另一方面为政府提供应对危机的措施①②。2008 年粮食高价期间，FAO 监测了 80 多个国家政府采取的直接短期措施，并且在《各国对粮食危机的应对：政策推行的本质和初步影响》报告中予以反映③。

报告揭示了为实现粮食安全所采取的变更策略，比如隔离国内与国际市场价格；更加自给自足的粮食供给策略；非传统的贸易合作或土地投资；减少对私营部门的依赖。

即使在 2008 年价格高峰后，对粮食安全问题的关注依然盛行。因此，危机期间的政策变化以及临时应急措施都值得重新审视。2007—2008 年，各国为应对粮食危机的突发情况采取的多是短期导向的措施。由于粮食价格预期会继续上涨，从长期角度观察政策趋势就非常必要，审视政府是否能在更长时间段内指导经济实现粮食安全的目标及做法。此外，粮食安全面临的新挑战也对短期措施的有效性和内涵提出新的要求。例如，尽管许多国家在粮食危机期间决心为农业和粮食部门增加投资，并承诺引入更多外来援助，但是全球金融和经济危机已经改变了它在公共支出中的优先地位④⑤⑥。

本文的目的在于通过搜集和分析长期和短期的粮食及农业政策信息和决策，来证实 2008 年观测到的政策摇摆在随后几年中是否依然存在⑦。在 2008 年的报告中⑧，政策被分为了三类：生产者导向型，消费者导向型和贸易导向型。这些分类已被进一步细化并为适应长期政策取向而进行了拓展。

---

① Von Braun, Joachim, 2009 年。通过政策变化和科学战胜世界粮食和农业危机，农业科学发展信托基金（TAAS）第四基金会讲座。

② UNCTAD, 2008 年。应对全球粮食危机：保障粮食安全和扶贫持续发展的关键贸易，投资和货物政策，联合国贸易和发展会议，瑞士日内瓦。

③ Demeke, M., Pangrazio, G., Maetz, M., 2008 年。各国对粮食危机的应对：政策推行的本质和初步影响，粮农组织，意大利罗马。

④ Miller 等，2010 年。对发展中国家的农业投资基金研究。粮农组织，意大利罗马。

⑤ Lin, J. Y. & Will, M., 2010 年。金融危机及其对全球农业的影响，世界银行政策研究工作论文，世界银行，美国华盛顿特区。

⑥ UNCTAD, 2009 年。全球经济危机：对贸易和发展的影响。贸发会议贸易和发展委员会。联合国贸易和发展会议，瑞士日内瓦。

⑦ 欲了解更多信息，请参见粮食和农业政策决策分析（FAPDA）工具的网站，收集了所有的政策决定。http://www.fao.org/tc/fapda-tool。

⑧ Demeke, M., Pangrazio, G., Maetz, M., 2008 年。各国对粮食危机的应对：政策推行的本质和初步影响，粮农组织，意大利罗马。

2. 研究背景和方法

  本报告是基于大量研究、文献查阅以及对各国政府在 2008 年 10 月至 2010 年中期国家层面决策的调查分析。这项工作是粮食和农业政策决策分析（以下简称 FAPDA）团队协同努力的结果，该团队集合了粮农组织总部以及粮农组织区域、次区域和国家代表处的工作人员。

  报告呈现了 78 个国家的调查结果：亚洲 13 个，拉丁美洲和加勒比地区 28 个，北非/中东 7 个，撒哈拉以南非洲地区 30 个。文章中对特定政策决策的选择反映了与研究主题的关联性和重要性。本文相关时期以及在这期间决策的详细清单请参考附件。国家的选择主要是考虑到可靠信息的可获性，人力限制，财务预算安排以及目标国与研究目的吻合的程度。本报告的目的是通过定期跟踪目标国的粮食和农业决策，分析政策趋势，开展研究，促进对话，改善政策援助，并快速的为特殊情况下的决策制定提供信息支持，例如在粮食高价期间。

  FAPDA 活动始于 2008 年"应对粮价上涨倡议（ISFP）"的工作框架。为了向成员国提供缓解当时粮食安全危机的技术咨询，粮农组织制定了《应对高粮价的国家政策和纲领性行动指南》[1]。该指南提出了决策分类，随后阐述并将此分类作为开发一个决策监督系统的基础。这个系统用于监测各国政府应对粮食安全危机的即时决策。

  这项工作由粮农组织政策及计划制定支持司，全球信息及预警系统（GIEWS）以及粮农组织驻拉丁美洲和加勒比地区代表处（RLC）领导，已出版《各国对粮食危机的应对：政策推行的本质和初步影响》[2] 一书。

  2008 年，FAPDA 的工作是关注应对粮食危机所采取的短期利益驱使型决策，但后来扩大到包括中期和长期的粮食和农业政策以及营养方面的问题。

---

  ① 粮农组织应对粮价飞涨倡议：http：//www. fao. org/fileadmin/user _ upload/ISFP/revisedIS-FP _ guide _ web. pdf。

  ② Demeke，M. ，Pangrazio，G. ，Maetz，M. ，2008 年。

FAPDA 团队一直在准备并讨论一种方式和构想，以保障 FAPDA 在粮农组织内部的一致性，所有权和可持续性。信息的收集主要来自粮农组织国家，次区域和区域代表处的定期周报、任务报告以及在线信息资源。见表 1-1。

表 1-1 2007—2008 年的主要信息来源

来源	载体	比例
粮农组织	ISFP 周调查问卷	41
	FAO 国家数据更新	1
	任务报告	13
	地区周报	6
	RLC 数据库	10
粮农组织-GIEWS	全球新闻及公司数据库（Factiva）	11
	路透社/IRIN 新闻	4
	其他	2
未列明	未列明	12
合计		100

在危机顶峰时期后，2008 危机系统很少再提供定期和详尽的信息。信息需求的性质也因为目标的变化而更关注具备中期和长期效应的决策。因此在第二阶段（2009—2010 年）应采取不同的政策监控方法。收集决策信息的方法因国家和地区情况有所差异，需考虑信息的可得性和可靠性，以及粮农驻外代表处的参与程度：将官方网站，国家顾问以及 FAPDA 成员的研究任务结合（表 1-2）。媒体一般被认为是识别决策的报警器，但从媒体获取的信息须要进一步检查和研究以确保它的可靠性与真实性。

表 1-2 2008 年 10 月至 2010 年中期的主要信息来源

来源	载体	比例
粮农组织	FAPDA 国家调查	41
	RLC 数据库	38
	亚太地区（RAP）政策研究	11
	国家联络点	4
查看文献资料		6
合计		100

在拉丁美洲，粮农组织的区域代表处自倡议之初就开始从事政策监控工作，并走在这项工作的发展前列。自 2008 年，代表处已使用 FAPDA 决策分

类方法并开发和维护一个政策数据库。这个数据库用官方来源信息进行持续更新（主要是在线的官方网站）。

北非和中东采取了不同的做法。许多国家的问卷调查是由国家顾问来进行的。埃及和突尼斯在 2009 年 1 月建立了一个示范项目，旨在将国家政策的监控制度化。对这两个地区的信息收集是在该项目框架下通过在各部委建立监测试点来实现的。叙利亚的信息是通过全国农业政策支持中心来收集的[①]，该中心已在这个领域工作多年。

撒哈拉以南非洲地区网上信息一般是不可获取的。因此 FAPDA 通过国家顾问进行国家层面的统计调查并搜集相关信息。该工作是由粮农组织区域/次区域代表处协调。在所有国家的调查中，一名国家顾问会被要求按照 FAPDA 的政策分类填写问卷并提供背景文件，信息来源和标注开展工作的方法。这种额外的材料将提供给 FAPDA 用户，以助于进一步证实信息。

亚洲和太平洋地区的信息只在英文官方网站收集。所涵盖的时间区间是从 2008 年年底至 2010 年年中，包括阿富汗、孟加拉国、柬埔寨、中国、印度、印度尼西亚、尼泊尔、菲律宾、斯里兰卡、韩国、泰国和越南。巴基斯坦部分涵盖。审查的政策类型包括那些影响农业，粮食安全和营养的政策。一般情况下，信息收集来自农业部，商务部，财政部，卫生部和规划委员会的出版物。另一个重要信息来源是由粮农组织亚太区域代表处在 2010 年编写的系列报告，报告评估了粮食和金融危机对特定国家粮食安全的影响（孟加拉国、柬埔寨、中国、印度、印度尼西亚、尼泊尔、斯里兰卡、泰国和越南）。

2.1 影响信息收集的因素

2008 年和 2010 年数据收集采取了不同的方法，并结合每个地区的情况进行了微调，这对收集的信息以及信息随时间和空间变化的可比性都产生了影响。2008 年初，政府主要采取的是短期应对措施，为回应研究者和媒体的主要关切，这个时期的数据收集也集中在短期干预措施。因此，尽管当时可能采取了中长期的措施，但也很难被关注。比如 2008 年，作为信息主要来源 ISFP 周调查表只收集关于短期应对措施的信息。

2010 年，拥有长期农业行业经验的顾问更偏向于收集反映支持农业生产者等政策信息，而忽略了贸易、宏观经济和社会等因素，这可能是出于他们个人的兴趣和经验，或是与他们在政府部门的资源有关。这有可能夸大了一个政府对中长期农业政策的重视程度。在一些案例中发现，即使是在 2009 年，顾

[①] 参见国家农业政策中心，叙利亚：访问 http // www.napcsyr.org。

问们的信息收集仍局限在对 2007—2008 年粮食安全危机的应对措施上，很遗憾地错过了这时期本应收集到的另外一些重要信息。最后，有些国家的信息收集大部分来自官方网站，这些信息存在仅代表部门利益的风险，如那些主动在网络上发布信息的部委。

对大部分非洲国家政策决定的收集需要通过与不同部委的相关人士面谈获得。但有些情况下，政策数据被收集到了，但由于缺乏可靠的背景材料支持也不能被纳入考虑范围。工作的关键是甄选一名有综合知识背景和对"政策"理解透彻的国家顾问。有时，对政策的理解没有关注到主要决策，而被缩小到政府的一般法律和目标，因此许多调查需要经过多次审查和修正。即便这些决策来自官方的信息渠道，有时也无法分辨这是实际实施的政策还是仅是一项公告而已。因此本文包含的某些政策可能只是宣布但并没有实施。验证政策效果的数据也会发生同样的问题。在使用 FAPDA 数据库的信息分析时，这些因素都必须被考虑到[①]。

---

① 见 FAPDA－工具网站：www. fao. org/tc/fapda－tool。

3. 生产者导向的政策

3.1 普遍的农业投入支持计划

对生产支持最常用的策略是增加对农业投入品的支持，特别是肥料和种子。

2008 年后，以补贴价格或免费方式向农民提供种子的国家越来越多。厄瓜多尔、菲律宾、卢旺达、苏丹和多哥等国免费向国内特定区域提供种子。而贝宁、玻利维亚、哥斯达黎加、印度、叙利亚、也门和赞比亚等国以补贴价格提供种子。许多国家（阿富汗地区、孟加拉国、哥斯达黎加、厄瓜多尔、叙利亚、埃及、印度、菲律宾和也门）种子计划的目标是通过推广改良的种子以获得更好的产出。在近东国家，该目标更与提升粮食自给能力息息相关。

除谷物外，分发的种子还包括经济作物，如贝宁、哥斯达黎加、厄瓜多尔、叙利亚、埃及和也门分发了棉花种子，其中贝宁政府向传统的 45 个棉花种植区的农户分发了 4 000 吨棉花种子。

2008 年 10 月，苏丹政府向农户免费分发了价值 600 万苏丹磅（SDG）的棉花种子（约合 240 万美元）。考虑到天气的变化（干旱或洪涝），种子的及时运输对政策产生积极效果至关重要。例如，2008 年开始，阿富汗地区通过"国家种子计划"实现了冬小麦种子的按时分发。这个计划的兴起是因为 2008 年阿富汗地区发生了严重的旱情，小麦生产骤减了 55%。该项计划使 31 个国家（共 34 个）的 26 万农户受益。

除了种子分发和长期的肥料改善计划外，许多国家对市场销售进行了干预，以便农民更易获得肥料。阿尔及利亚免除了肥料和杀虫剂的增值税。叙利亚从 2009 年 4 月实施肥料价格自由化。为了扩大对经济作物以外农业生产的支持，叙利亚农业合作银行（ACB）对番茄、马铃薯、玉米和棉花生产者提供了基于种植面积的现金补贴，每公顷 100～200 美元。这项支付在 2010 年时仍在实施。2004 年 3 月，由于肥料的国内产量低于需求，中国取消了肥料的出口退税政策，补贴的规模也在逐年增长。2009 年，中国政府为肥料和能源行业提供了 720.1 亿元补贴（合 100.5 亿美元，约占农业 GDP 的 2%）。2010 年，肥料和病害防控行业获得了 11 亿元（合 1.7 亿美元）的补贴。在斯里兰卡，2007—2008 年期间肥料的补贴翻了一倍以上，到 2009 年仍保持如此高的水平。详情如图 1-1 所示。

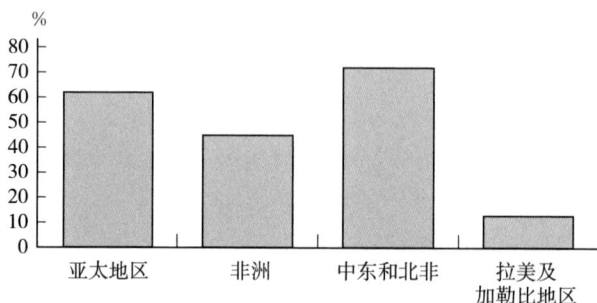

图 1-1　引入/增加投入品补贴的调查国在该地区所占百分比

此外，有些国家通过更优惠的进口条件来获取更多的肥料。例如，2008 年爱沙尼亚政府将化肥进口较上年度提升了 60%。

2008 年 11 月，孟加拉国取消了私人部门的肥料进口税，从而放宽了进口限制。2008 年，中国对肥料和相关原料的进口税率在 4% 以下，并将 2002 年对特定肥料品种免除增值税的政策拓展到其他的进口品种。

越来越多的国家关注有机肥料的生产。2009 年 7 月，尼泊尔宣布对生产有机肥的机械设备提供 50% 的补贴。2010 年为推广天然肥料，孟加拉国启动了向 970 万家庭分发有机、绿色和生物肥料的计划。2009 年，印度尼西亚对 5.5 万亿吨的混合肥（将非有机与有机肥料进行混合）生产提供补贴；越南开始推广环境友好型和能源节约型的肥料生产技术，总投资达 5.7 亿美元。

➡ 插文 1　中国对化肥的补贴和出口管制

对化肥实施补贴已是中国促进农业发展的主要措施之一。2004—2007 年，中国的农业补贴已增加三倍以上。例如，2004 年以来，在冬季保有一定肥料库存量的肥料经销商将获得银行贷款贴息的资格。虽然肥料行业正在走向市场化，但肥料生产商仍然享受优惠的电力、燃气和交通运输价格。此外，政府将逐步向几种类型的肥料实施免增值税政策；2004 年 3 月后取消了化肥（尿素和磷酸二铵）出口退税以满足国内市场需求。在 2008 年 4 月和 2008 年 9 月粮食危机期间，中国将肥料出口税调高了一倍，以确保其供应到国内农民。2008 年 11 月通过的最新化肥出口政策，将依据种植季节的发展阶段推行不同的出口关税水平。肥料的出口关税在非种植季时低至 10%，在种植季时高达 110%。

一些国家的政府通过发行农业投入品购物券来提供补贴。这套投入品购物券体系由智利、洪都拉斯和委内瑞拉创造和推行。2008 年 11 月,卢旺达在短期内将肥料和种子的购物券计划引入到玉米和小麦生产。2010 年 7 月,又将此前的以补贴价格分发肥料的计划调整为新的购物券计划。赞比亚实施了 7 年的肥料支持计划 (FSP),现在正以马拉维为典范,也在考虑是否将现行的肥料分发措施调整为投入品购物券计划。

在拉丁美洲、加勒比和一些非洲国家(摩洛哥,莫桑比克,塞内加尔,多哥)比较常见的形式是对生产机械进行补贴。例如在玻利维亚,一项"农业机械化信贷方案"(programa crediticio para la mecanización del agro)以补贴价格向合作社和农民组织分发 EQUIPOS Integrales (一种机械组合)。在 2009 年,另有 1 300 万美元被承诺用于支持购买拖拉机和其他农业机械。2008 年 7 月,巴西开展了更多粮食支持计划,旨在通过推行基础设施的现代化来提高小规模农户在家庭层面的生产效率。因此,巴西通过信贷支持销售了 14 350 台拖拉机。这项计划仅在 2009 年第一季度就占到巴西全部拖拉机销量的 61%。

为加强公立和商业银行资金和信贷的效率,公共投资和支持被增加并广泛覆盖。以国家为主导的方式在近东,拉丁美洲和加勒比地区 (LAC) 尤为突出。阿尔及利亚在国家银行和农业部建立了零利率的贷款信用体系;自 2009 年以来,埃及通过发展和农业信贷中央银行为作物种植提供贷款,同时小生产者还可从社会发展基金获得资金和咨询服务。拉丁美洲和加勒比地区采取了取消农民债务(哥伦比亚、多米尼加共和国和委内瑞拉),调整贷款规模和利率,或重新计算债务等措施(阿根廷、厄瓜多尔、智利、危地马拉、巴拉圭、乌拉圭)。有些地区通过调整新增的信贷额度和实施强制性的信用支付,为农业部门注入流动性(巴西、秘鲁)。这些都是改善金融和信贷支持的主要手段。在泰国,小农户的债务被减免了 50%。

为加强金融和信贷支持,部分非洲和亚洲国家不仅通过公共部门,还鼓励私人部门和农民组织积极参与。苏丹农业银行收到了 1 亿苏丹镑(约合 3 060 万美元)用于支持 2009/10 年度的夏粮生产。苏丹中央银行也获得了 8 000 万苏丹镑(约合 2 860 万美元)为其他从事农业信贷的商业银行提供贷款。对于园艺作物,苏丹农业银行另外获得了 3 400 万苏丹镑(合 1 220 万美元)对相关产品在 3~5 年内提供 50% 的补贴。在亚洲,菲律宾批准为农业信贷和政策委员会和人民信贷及融资公司(ACPC-PCFC)额外注资 1 亿比索(约合 230 万美元)用于农业小额信贷计划 (AMP),以帮助 2010 年受厄尔尼诺现象和其他气候灾害影响的农民和渔民。柬埔寨为国有贸易企业和私营部门提供低息贷款以帮助他们提高库存。

亚洲和拉丁美洲国家普遍采用保险计划来降低小农户的生产风险。虽然拉丁美洲和加勒比地区以农业为导向的保险体系并不完善，但计划还是在这一地区落地。例如，智利扩大和增加了农作物保险补贴；巴西为农业信贷和出口增加了股权和抵押品的覆盖范围。同时，墨西哥设立了国家保险体系。秘鲁重新启动了"农业秘鲁"计划（为农户提供担保的公共基金），并启动了应对突发情况的保险机制。阿根廷、玻利维亚、危地马拉和尼加拉瓜也决定成立风险管理部门。在亚洲，保险计划被运用于农作物（孟加拉国、印度和泰国）和畜牧生产（中国、印度和尼泊尔），并同时兼顾公共部门和私营部门。斯里兰卡采用了远期销售协议。在非洲，更多的私营部门参与提供农作物保险。

发展中国家生产系统遭遇最严重的约束之一就是体制建设薄弱。通过支持跨区域的农民组织，加强公共机构建设，或为农业部门和农业企业创立新的制度框架等方式来努力加强体制建设。例如，加纳核准了 65.3 万美元的出口发展和投资基金（EDIF），支持北部以及西部上游地区的 8 个农民组织和协会发展杧果和其他一年生作物的种植。2009 年，拉丁美洲和加勒比地区加强了公共机构在研发以及农产品市场一体化中重要性的认知。一项针对农业部门和农业企业的新制度框架被创建，用于管理突发事件，实施方案或减轻农业风险（阿根廷、玻利维亚、巴西、智利、多米尼加共和国、萨尔瓦多、危地马拉、尼加拉瓜、巴拉圭、波多黎各和委内瑞拉）。支持农民组织（合作社、农妇组织、妇女协会）的公共网络建设也得以加强。在亚洲、如阿富汗、尼泊尔、印度、印度尼西亚和菲律宾政府大力推动农民组织的发展，提高他们的议价能力。

3.2　生产资料市场

为降低生产成本，一些国家冻结或高度控制生产资料的价格。2009 年 3 月，厄瓜多尔还签署了一项法令，设定了在其国内销售的肥料和化学投入品的最高价格，以此来最小化农资价格高企的影响。研究表明，国际的肥料和化学投入品的成本与厄瓜多尔本国成本有显著差异。在孟加拉国，新当选政府于 2009 年批准大幅削减肥料价格，以提高农业生产和保持物价稳定。重过磷酸钙、氯化钾、磷酸氢二铵的零售价格均降低了一半。2009 年，乍得将 50 千克三元复合肥和尿素肥料的价格分别设置为 8 500 法郎（约合 100 美元）和 7 500 法郎（约合 89 美元）。加纳在 2010 年补贴了 1 万吨肥料，这使肥料价格在全国保持一致。

提升小农户的市场准入吸引了更多的关注，主要采取了资助产后基础处理设施，以及促进农产品销售和分销便利化等措施。例如：

- 巴西、智利、中国、厄瓜多尔、危地马拉、印度尼西亚、尼加拉瓜、尼泊尔、秘鲁、菲律宾、委内瑞拉和越南加强了储藏设施的建设（减少收获后损失）。

- 为特定产品的生产建立新的加工厂，如大米（哥伦比亚）、芝麻（巴拉圭）和椰子（菲律宾）。
- 阿富汗、牙买加、尼加拉瓜、尼泊尔和越南改善了农村道路，以便利化农产品运输。

加强农民与市场之间联系的其他举措还包括建立新的公共交易市场（巴西、巴拿马和委内瑞拉）。在巴西，社会发展部宣布成立新的"粮食银行"来促进农作物销售并对各市进行公开招标，以便建立起农产品直接入市机制，使小农户获益。

越来越多的国家重新设计或新建立了全国性的价格或政策信息采集系统。乍得、尼日利亚、卢旺达以及拉丁美洲和加勒比地区许多国家现在均可监控农产品的市场价格。阿根廷（RENAF）、智利（小麦部门）、哥伦比亚（生态农业部门）、厄瓜多尔和巴拉圭都成立类似的监控系统。在区域层级，南方共同市场的信息系统得以进一步加强。

3.3 对土地政策和水管理系统的日益关注

尽管政府进行了各种努力，大多数位于干旱或半干旱地区国家的农业发展仍面临严峻的水资源和土地约束。在此背景下，阿尔及利亚、埃及、突尼斯和叙利亚宣布了新的土地政策。2009 年 8 月埃及农业部创建了沙漠研究中心，负责发掘扩大全国总种植面积的潜力，最大限度地减少建筑物对农田的侵占，对耕地复垦，投资和耕种用地进行分配。在叙利亚，除了 6 200 公顷农作物和水果种植地以及 2006—2008 年复垦的 19 600 公顷灌溉地以外，公共的灌溉费用已经从每公顷 3 500 里拉（约合 73 美元）减少到 1 750 里拉（约合 37.3 美元），以鼓励大马士革、和德拉附近的移民。在亚洲，斯里兰卡已经将种植扩展到废弃地。一些拉丁美洲国家普遍采用的土地政策主要是通过将地契让予小农户以提高获得土地的便利性。在某些情况下，为提高耕地的比例，有关土地治理和管理的专门法律被颁布。

由于水的稀缺性，近东地区与生产性资产和基础设施相关的大部分政策都涉及水资源。埃及在过去 10 年已经出现了 15% 左右的水供应下降。为保护水资源，埃及农业部下令将水稻种植面积从 580 万平方公里减少到 2009 年年初的 462 万平方公里。这样做可降低 15%～20% 的用水，并将水资源重新分配给一些节水型的作物，如玉米（正面临缺水的情况）。2009 年，农业部和水利灌溉部公布了更多有关水的政策。这包含对某些农作物的灌溉排水进行回收利用；推行现代灌溉方法，并为保护尼罗河水资源及拓展水渠实施进一步的改造工程。

摩洛哥于 2009 年引入了基础灌溉设施补贴措施，并随后修订了投资政策。拥有新滴灌技术的灌溉设备享受 80％的补贴，而对于土地占有量少于 5 公顷的小农户，这项补贴将提高至 100％。阿尔及利亚通过农业发展国家基金支持农民购买本土设备。支持目录涵盖本地制造的设备来源，以使农业系统中的各个环节都有机会受益。

其他地区也增加了灌溉或水基础设施的投资。在亚洲，如孟加拉国、柬埔寨、中国、尼泊尔、菲律宾和斯里兰卡等一些国家扩建或修复了灌溉设施。在拉丁美洲，为提高水的利用效率和管理，秘鲁颁布了专门的水法案，特别提及自然资源保护、污水处理设施和配电系统等基础设施的养护。在过去的 2 年中，该国加强了对此事的关注，签署了多项协议和水资源设施规划，以支持环卫系统，尤其是农村地区环卫的建设。

3.4 创造农业就业机会

一些国家意识到农业创造就业的潜力，开始寻求通过农业部门和农村的发展来促进就业，该方式因地区而有差异。为提高农业部门的就业，2008 年卢旺达建议为青年重返农业提供激励。厄瓜多尔在当地建设港口以促进渔业部门的就业。相比之下，为了在 2010 年前实现将 40 万农村富余劳动力转移到城镇地区，中国已经开始了相关的培训计划。一些国家对地区的农村事业发展更感兴趣。例如加纳通过发展农村的非农企业来促进就业。同样的，有些国家更侧重于提高农业家庭收入，例如乌干达和叙利亚等国通过支持农业和非农的经营活动来促进收入来源的多元化。

3.5 农技推广服务

一些国家还加强了农业部门的知识管理，技术援助和培训。在尼日利亚，政府在由官方主导推广服务的区域开展了一个试点项目，用于评估 2003—2006 年以及 2009 年农民田间课堂对提高可可农场生产率的作用。鉴于项目的有效性，2009 年尼日利亚宣布将在 2014 年前建成推广服务体系。厄瓜多尔也重新启动国家计划并提供农业技术推广服务。同时，对特定的作物、土壤管理和施肥管理等开展培训课程或研讨会。在苏丹，这种技术服务更侧重于小麦商品，喀麦隆则研究如何提高渔业生产能力。从 2009 年开始，拉丁美洲和加勒比地区的一些国家（阿根廷、智利、古巴和多米尼加共和国）就综合议题及专业板块（如土壤管理等）向农民提供培训课程。

➡ 插文2 印度全国农村就业保障计划法案（NREGA）

　　这是印度在农村地区推行的创造就业的主要方案之一（仅此一项需要公共投资约23亿美元，1 050亿卢比）。这项计划用于帮助贫困线以下（BPL）的家庭，具体方式是每个财政年度向每个家庭的成人提供至少100天保障工资的最低就业机会，主要从事非熟练手工劳动。他们的工资每周按法定最低工资支付。如果15天内未提供工作，申请人有权获得失业津贴：第1个30天为工资的1/3，之后是50%。NREGA的实施是由各州根据国家就业保障计划完成。NREGA确定了全国各地最低工资标准。对劳动力市场的动态含义是：①缓慢推进新经济引力中心的建设；②促使私人部门以高于市场价格的工资吸引劳动力。然而，从长远来看，需要考虑以下先发因素，提高（目标）农村人口收入的安全性可能推高劳动力的市场价格；其次，机械将会替代人力。从中期来看，有必要预见到这些变化，并提前规划从哪些角度重新定义影响劳动力需求的因素。

4. 贸易导向政策

粮食商品的贸易政策以及相关经济改革措施对国内价格的潜在影响巨大，它们可以激励或压制生产者，也可以保障消费者的粮食安全。

很难识别各国在本文考察期内采用的贸易导向政策：一方面是问题本身较复杂，另一方面各国贸易统计因缺乏一致性而难以做趋势判断。尽管如此，本文还是反映了各地的一般性调查结果和区域特征。

4.1 进口相关措施

总体来看，2007—2008 年粮食危机期间采取的进口便利化措施一直沿用到了 2008 年 10 月以后。这些在边境口岸采取的进口措施在应对国际高粮价的同时，还要面临某些国家粮食紧缺的突发情况，特别是发生在最贫穷地区的自然灾害，极端天气或歉收等情况。

在 2009—2010 年，为防止未来粮食短缺或新的粮价高峰破坏国家薄弱的粮食安全系统，一些发展中国家增加了新的粮食进口便利化措施，一般是免除或减少进口关税以补充国内粮食库存。这一战略尤其在大量依赖进口保障粮食安全的国家（粮食净进口国）盛行，如中美洲和大部分非洲高度依赖外部粮食供应的国家，见表 1 - 3①。

除了粮食进口便利化以外，相关措施也涉及对生产性投入的便利化，如肥料，饲料或机械等。这些措施（表 1 - 4）在拉丁美洲已经实施（伯利兹、巴西和哥伦比亚降低了进口关税，厄瓜多尔补贴肥料进口），在一些近东国家（叙利亚支持饲料进口，也门支持采购机器设备），其他非洲国家，如阿尔及利

---

① 这些国家在高粮价时代也遭受粮食通胀。即使在世界影响广泛，但价格传导过程中也存在一些差异（从国际到国家）。一般来说，最贫穷的国家经济规模小，货币与美元挂钩或贬值，并依赖粮食进口，国际价格对这些国家的传导作用最强（FAO，2008 年，www. rlc. fao. org/es/temas/precios/PDF/precios. pdf）。

亚、利比里亚、莫桑比克和多哥也采取了类似的措施。这些做法又进一步强化了前面提到的生产者导向措施。

本文报告时间内的进口防御措施主要是在 2009 年下半年或 2010 年时采用，离 2007—2008 年危机已经较遥远了。一般短期内采用的措施，目的都在于通过提高国内特定产品或原材料的生产（进口替代战略），来保护本国生产者的利益或解决严重的财政赤字问题。以肯尼亚为例，该国 2008 年首先将小麦进口关税从 35％降到 10％；2009 年由于国内小麦产量增加以及国际价格下降，关税恢复到了 25％。随后，政府在 2010 年将关税再次降到 10％（硬质小麦和大麦），有效期至 2011 年 6 月。卢旺达在 2008 年降低了食品进口关税，但 1 年后，对东非共同体（EAC）内供应充足的农产品征收高关税，以此鼓励当地市场并阻止从共同体以外国家的进口。

表 1 - 3 进口导向措施（粮食安全危机之后）

地区	政策措施			
	进口关税		进口限制和禁止	
	取消/降低	征收/增加	禁令解除/扩大配额	禁令/征收配额
亚洲	印度 尼泊尔 巴基斯坦 菲律宾 韩国 泰国	菲律宾 越南（肉，乳制品）	菲律宾 越南（糖）	中国 印度尼西亚 韩国
非洲	乍得 刚果（金） 肯尼亚（玉米） 马里 莫桑比克 卢旺达① 坦桑尼亚 乌干达 赞比亚 津巴布韦	冈比亚 加纳 肯尼亚（小麦） 尼日利亚 卢旺达②		刚果（金） 塞内加尔
近东	阿尔及利亚（投入品） 埃及 摩洛哥（小麦，2010 年） 叙利亚（饲料、豆类、玉米、水果）	摩洛哥（小麦，2009） 毛里塔尼亚 也门	叙利亚（马铃薯、马铃薯种子、大蒜）	阿尔及利亚 摩洛哥 叙利亚（猪肉） 也门

（续）

地区	政策措施			
	进口关税		进口限制和禁止	
	取消/降低	征收/增加	禁令解除/扩大配额	禁令/征收配额
拉丁美洲	伯利兹 玻利维亚 巴西 哥伦比亚（玉米，投入品） 哥斯达黎加 厄瓜多尔 墨西哥 尼加拉瓜 巴拿马	阿根廷 哥伦比亚（牛奶） 牙买加	哥伦比亚 厄瓜多尔 危地马拉 巴拿马 巴拉圭（番茄，2010） 委内瑞拉	巴西 洪都拉斯 巴拉圭（番茄，2009）

① （东部和南部非洲共同市场）东南非共同市场内简化税制。
② 从非东非共同体（EAC）国家进口农产品关税较高。

表 1-4 促进投入品进口的主要干预措施

国家	进口干预措施
阿尔及利亚	暂停种子进口关税
伯利兹	暂停进口燃料关税，以促进甘蔗生产
巴西	进口改良的咖啡种子以提高生产并促进出口 下调饲料的进口关税
哥伦比亚	下调肥料和农药进口关税，支持稻米生产 暂停部分化肥，农药和杀虫剂的进口关税，而不是在国内生产
厄瓜多尔	对化肥补贴进口，以减少小农户的成本
利比里亚	暂停农用设备，材料和用品进口关税，以鼓励生产
莫桑比克	暂停肥料进口关税（2.5%）
叙利亚	下调饲料添加剂和鱼饲料进口关税
多哥	减免农业设备进口关税
也门	免除由农业和灌溉部进口的机械设备、工具、材料和产品的进口关税

4.2 出口相关措施

2008 年危机期间，通行的做法是通过出口禁令或提高出口关税（出口限制）来降低国内价格并保障国内粮食安全。随后，即使在很难为出口导向措施判定一个明确发展方向的情况下，一些确保粮食安全的短期限制却似乎已慢慢放松。

出口措施的差异性可以用各国在国际贸易中扮演的不同角色来解释：例如农产品出口国立足于出口增长型的贸易平衡。粮食安全的脆弱程度，以及这些措施的政治和国际敏感程度一般影响着国家的生产体系[①]。例如，出口禁令或提高出口税对生产者产生税收效应，通过增加国内供应来限制他们对国际价格上涨做出反应[②]。此外，这些措施还可能阻碍对农业的投资，从而对粮食安全产生负面影响。在国际上，粮食主要出口国采取的出口限制措施可能导致世界粮食价格的上涨，对低收入和粮食进口国产生消极作用。与采用提高出口税措施的国家相比，实施出口禁令的国家产生的效率损失更大。

2009 年以来，各国对生产导向的中长期政策越来越关注，旨在促进国内产品出口便利化的措施变得更加重要。换句话说，2008 年粮食危机之后，我们留意到一些再度关注出口收益和优势的尝试[③]。

在我们的样本国家中，出口便利措施主要分布在南美（阿根廷、巴西、智利、厄瓜多尔和巴拉圭），一些近东国家（叙利亚和也门）和亚洲国家，如中国、巴基斯坦、泰国和印度的部分地区。这些措施一般包括减少或取消出口税，废除批文许可（扩展配额）或出口禁令。在某些情况下，可观察到出口补贴（例如突尼斯橄榄油），其他的出口融资支持（如巴西、印度和叙利亚）或削减最低出口价格（泰国大米）。有些措施则反映出对改善目标市场到达性等长远性考虑，如调整出口产品种类，以及按国际标准修改内部规定（如巴西和智利）。

其他国家在2008年后对贸易政策导向没有做重大调整，它们保持了现有措施的执行力度，如出口禁令或限制，配额或最低出口价格，以避免国际高价影响或防止国内粮食短缺。尽管前文提到，实施提高出口关税所产生的效率损失比出口禁令小，但现在已经出现了阻止特定产品出口的倾向，即使在粮食危机之后。

➡ 插文3　巴西促进产品出口到目标市场的措施

巴西采取多项措施促进国内粮食产品的出口，一是通过税收优惠（与欧盟达成协议，减少对香蕉的出口关税），二是通过对该部门卫生和植物检疫的干预措施来促进出口。

[①]　贸易政策普遍受到密集的国际/对外谈判影响，它可以是一个不利于其他国家的工具（禁运，倾销行，保障措施和技术性贸易壁垒），但它也是政府收取税收的一项重要财政政策工具。

[②]　Norton，R.D.，2004 年。农业发展政策的概念和经验。

[③]　例如，一般商品价格高企时，一些拉美国家因他们的出口结构是基于商品-矿物质和营养素，这反而成为了商业优势。2008 年阿根廷、巴西、智利、哥伦比亚、墨西哥和乌拉圭的整体出口货值分别比上年上升 32％、27％、112％、42％、17％、47％（由于价格上涨，而非出口数量的变化）（Da Silva，2009 年，http：//www.rlc.fao.org/es/temas/precios/pdf/politicas.pdf）。

> **◆ 插文 4　促进出口的制度性措施**
>
> 　　为了刺激出口，一些国家建立了新的特定机构或组织。例如，智利建立了名为 Tercera Plataforma de Exportaciónn 的工作网，包含多家农产品出口企业。他们通过备忘录，建立提高水果和蔬菜出口的安全准则。叙利亚在 2009 年 2 月创建了监管出口的最高委员会。2009 年 11 月，出口企业联合会创建，旨在发展和推广出口，并公布创建银行，以为特定出口解决融资问题。也门政府成立了粮食出口促进中心，宣布计划完善出口营销基础设施。

　　在许多非洲粮食净进口国，2008 年实施的出口禁令到 2009 年年底都没有解除（乍得、埃塞俄比亚、肯尼亚、坦桑尼亚、乌干达和赞比亚）。为缓和通货膨胀和应对国内市场短缺，玻利维亚、秘鲁和少数中美洲国家，尼泊尔、印度尼西亚、越南（主要是大米）和孟加拉国（大米）宣布临时停止出口。

4.3　贸易协定和区域合作

　　关于贸易协定和各国之间的区域合作趋势，正如在《各国对粮食危机的应对：政策推行的本质和初步影响》报告中指出的那样，被认为是最近一段新时期的情况。受危机期间降低贸易壁垒和贸易便利措施的推动，一些地区的粮食贸易一直在增长。这也可以使最脆弱的国家受益①。

　　从前"以邻为壑"的政策②已经被国家间的合作与团结所取代，拉丁美洲在这个方向上的努力尤为突出。新的粮食和农业自由贸易协定及合作协议已签署（智利—秘鲁、尼加拉瓜—巴拿马、智利—危地马拉的自由贸易协定，哥伦比亚—智利、委内瑞拉—厄瓜多尔、墨西哥—厄瓜多尔之间的贸易合作协议）；双边或多边的支付体系也已建立。这发生在古巴、厄瓜多尔、尼加拉瓜和委内瑞拉签署的区域补偿统一制度框架下（SUCRE），其目的是避免在商业交易中使用美元，巴西和乌拉圭，以及巴西和阿根廷建立了以当地货币为基础的双边支付系统。

　　区域一体化以及粮食安全和营养的双边合作，一方面造福了一些最脆弱的国家，如中美洲缺乏进口能力，难以应对粮食短缺；另一方面使出口国（如阿根廷、巴西和智利）贸易收支得以改善。非洲开展经贸合作的典型案例来自

---

　　①　Demeke，M.，Pangrazio，G.，Maetz，M.，2008 年。各国对粮食危机的应对：政策推行的本质和初步影响，粮农组织，意大利罗马。

　　②　利用进口货币贬值或保护壁垒，以牺牲他国为代价而缓解一个国家经济困难的贸易政策。

2009 年 11 月签署的东非共同市场协议。协议于 2010 年 7 月生效，签署国包括布隆迪、肯尼亚、卢旺达、坦桑尼亚和乌干达。该协议允许商品、服务、资本和劳动力自由流通。这些国家一些普遍的贸易政策已在东非共同市场框架下实现。

5. 消费激励政策

2007—2008 年粮食危机期间，各国政府采用不同的消费激励措施。大部分措施在现有的政策框架内实行，在金融经济危机期间得到进一步强化。但是为迅速改善情况并保护消费者，各国也采取了一些扩大覆盖范围和加大受益力度的短期应对措施。与 2008 年年初相比，虽然某些方面情况已经有所好转，但此类措施仍延续到了 2008 年年底和 2009 年年初。其他情况下，他们继续寻求一个更加制度化的方式，鼓励粮食自给自足或实现更高层次的粮食安全。为实现这样的目标，需要从更长远的角度来考虑干预措施。综观政府从 2008 年年底开始的政策，可以看到所作的决定很大程度上取决于一国受粮食危机影响的程度和方式。

5.1 安全网

粮食援助。政府提供补充性的粮食援助，以确保充足的粮食供应。在过去的两年里，政府加强了现有的粮食援助政策，并尽力向非常贫困家庭方向倾斜。这是厄瓜多尔、埃塞俄比亚、危地马拉和也门的情况。在中国、孟加拉国、洪都拉斯、多米尼加共和国、叙利亚和马拉维开展了无特定受益对象的粮食援助计划。

学校供餐。这种方式在巴西（家庭补助金）、佛得角、哥伦比亚、尼泊尔和多哥非常重要。2008 年下半年，这些国家提高了这一措施在营养方面的标准。

在过去的两年中，各国增加了有针对性的现金转移支付，这项措施减少他们的财政负担，并更有效地帮助弱势群体。有条件的现金转移支付（CCTs）将现金依据基本医疗，营养和教育标准进行安排，这对拉丁美洲非常重要：通过为儿童和孕妇提供营养补充和健康检查，政府设法提高家庭这个层面对粮食的获得性。针对特定人群的现金转移通常是支付给家庭中的母亲。截至 2010 年，18 个拉丁美洲国家实施该类型的措施，惠及了约 25 万户家庭①。在亚洲国家，中国、印度、印度尼西亚和菲律宾通过现金转移支付改进了安全网覆盖计划。伊朗和叙利亚在衡量年收入水平、支出和家庭资产情况后，用针对性的现金支付取代了油券。埃塞俄比亚和厄立特里亚政府减少了直接的粮食援助，而用现金支付取而代之。现金转移支付计划多被中等收入国家采用，因为低收入国家设计和提供方案的能力较弱。在低收入国家中，现金转移支付计划执行有效和积极的是利比里亚和赞比亚。

⊙ **插文 5　加纳学校供餐计划（GSFP）**

GSFP 始于 2005 年在加纳 10 所学校开展的试点方案。加纳的每个地区都有提高入学率，鼓励出勤，保障就学和改善儿童的营养和健康状况的目标。粮食计划的目标是为贫困小农户提供一个就地的产出市场。在 2008 年，1 435 所学校和 138 个区的 614 291 名学生从 GSFP 受益。2009 年，全国各地约 640 000 名学生被送入 1 700 所学校。该计划在 2010 年继续把重点放在农村社区，预计将有 1 040 000 名学生在年底受益。

⊙ **插文 6　利比里亚—现金转移支付**

利比里亚政府在联合国儿童基金会，欧盟委员会和日本政府的支持下，于 2010 年推出了首个现金转移支付试点计划，帮助减少极端贫困、劳动力限制家庭，降低饥饿和死亡的概率，保障他们享受教育和营养的权利。最初的试验计划开始于波密县，为期 2 年。该计划旨在为没有成年劳动力的最脆弱家庭提供定期现金援助：这些家庭的成员主要为无劳动力的老人，少年，残疾人或慢性病患者和儿童。现金转移方案支持那些在一般社会安全网覆盖范围之外家庭的需要。

5.2　市场干预

战略性粮食储备。2008 年粮食危机的爆发初期，各国迅速采取应急策略

---

① 18 个拉丁美洲国家所实施的措施：乌拉圭 "Asignaciones Familiares"，巴西 "Bolsa Familia"，厄瓜多尔 "Bono de Desarrollo Humano"，玻利维亚 "Bono Juancito Pinto/Bono Juana Arzurduy de Padilla"，萨尔瓦多 "Comunidades Solidarias"，特立尼达和多巴哥 "有条件现金转移支付计划"，哥伦比亚 "Familias en Acción"，秘鲁 "Juntos"，危地马拉 "Mi Familia Progresa"，墨西哥 "Oportunidades"，哥斯达黎加 "Plan Escudo"，洪都拉斯 "PRAF"，牙买加 "健康和教育促进方案"，巴拿马 "Red de Oportunidades"，多米尼加共和国 "Solidaridad"，巴拉圭 "Tekopora"。

之一就是向国内市场释放公共库存以保障粮食的可获得性。但从 2008 年 10 月后，政府将政策逐步调整为补充库存并开展战略性的粮食储备。粮食储备在粮食危机后变得非常重要，各种应对危机的模型被讨论和建议。2009 年年初后，许多 FAO 的监测国开始将建立粮食储备作为应对紧缺和稳定价格的重要手段。有些国家的库存重点关注主食类产品，如阿富汗、孟加拉国、利比亚和巴基斯坦关注小麦，马拉维和赞比亚关注玉米，哥伦比亚、泰国和斯里兰卡关注大米。巴西、加纳、尼日利亚、卢旺达和委内瑞拉也采取了类似的措施来改善粮食安全。

价格管控。常用的政策工具之一是直接的价格管控，特别是对粮食。各国努力预先设定或固定零售价格。15 个国家尝试对特定商品采取统一定价：布基纳法索、喀麦隆、莫桑比克、印度、塞内加尔和泰国对大米，孟加拉国、喀麦隆和乍得对肥料都采取了这一策略。在拉丁美洲和加勒比地区，伯利兹城对猪肉，玻利维亚对鸡肉，哥伦比亚对猪肉和牛奶，厄瓜多尔对糖、小麦、牛奶和香蕉，墨西哥针对牛奶的 LICONSA 计划①，以及委内瑞拉对糖、油和奶制品都采用了价格管控手段。

5.3　税收措施

取消增值税。为应对粮食高价，2008 年初 FAO 监测的 23 个国家降低或免除了粮食关税或税负。2008 年 10 月后，10 个国家不仅对粮食产品，还对农业机械减少了增值税。在撒哈拉以南的非洲地区对食品和农业设备都减轻了增值税。然而，这种策略的有效性取决于税率的初始水平和降低的幅度。例如，突尼斯和阿尔及利亚取消了食品的增值税，埃塞俄比亚政府对食品，粮食和面粉免征增值税。纳米比亚政府宣布取消对特定食品（面包、蛋糕、食用油、豆类等）的增值税，中非共和国将基本口粮的增值税从 19％降到 5％。乌拉圭减少了肉类及其制品的增值税。在亚洲，只有尼泊尔、菲律宾和越南免除或减少了增值税。

5.4　提升购买力

各国政府采取措施增加收入，特别是提高公务员的收入水平，如阿根廷、巴西、埃及、莫桑比克、尼泊尔、叙利亚和也门。拉美等国同时将养老金计划

---

①　例如，在墨西哥，牛奶的价格连续第四年（从政府通过 LICONSA 计划收购）固定为每升 0.32 美元，假定这一措施影响到全国约 300 万人。

纳入考虑范畴，如萨尔瓦多和尼加拉瓜等国。

近东地区，撒哈拉以南非洲和亚洲国家采取了改善就业的措施。亚洲的策略目标主要是保障最低收入水平。乌干达和卢旺达目的是实现农业现代化并培养更多的熟练劳动力。巴基斯坦开展实习生计划，以方便年轻人进入劳动力市场。孟加拉国、佛得角和莫桑比克在公共服务领域创造了更多的就业岗位。

⮞ 插文7　改善的中国养老保险制度

中国养老保险制度值得特别关注的是凭借创新机制，扩大覆盖范围（预计将达到8亿人），并引入一套转移和缴付体系。所有16岁以上没参加政府现有城市养老金计划的农村居民均有资格参加该计划。该计划依据个人账户所属区域和规模，基本按月领取人民币60～300元（US$ 9和US$ 44）的养老金。这些养老金可以跨省份，缴付可以算作退休信贷，即使受益人之后流动到不同的省份。此外，许多省份正在通过汇总全省养老保险基金增加风险共担机制。

5.5　健康和营养干预措施

健康和营养干预。那些有助于向非特定人群提高粮食利用率的措施仍需要在少数国家实施：阿富汗、哥伦比亚、埃塞俄比亚和秘鲁。大多数措施都指向特定人群和特殊目的；例如在巴西、玻利维亚、印度和卢旺达，主要对儿童和母亲强化微量元素，食品和疫苗供应。亚洲和非洲国家的这些措施通常是独立的；在印尼和拉美大部分地区进行了制度化的设计：通常是集中在有条件的现金转移支付策略方面。不充分的健康和营养信息尚不足以解释这些现象背后的原因。不过总体而言，亚洲和非洲粮食安全政策中的营养干预措施仍然支离破碎。在某些案例中，粮食和农业政策与社会发展和卫生政策之间缺乏任何正式的、多部委的联系机制，使之很难达成多层面的干预计划。此外，拉丁美洲对促进粮食安全和营养政策融合进行了部级和执行层面的正式立法（对食物权、粮食安全和营养进行法律许可）。多米尼加共和国、厄瓜多尔、洪都拉斯、印度、牙买加、秘鲁和委内瑞拉将养老纳入了更广泛和普遍的健康计划。

6. 粮食和农业政策进入 "新时期" 了吗

2007—2008 年粮食危机改变了各国在过去 20 或 30 年遵循的政策制定原则①。多年来，随着对私人部门依赖的加深和国有制的取消，政策关注的核心是国内和国际市场，各国决定对政策格局做出改变。许多政府倾向于减少对私人部门的依赖，增加对市场的直接干预，甚至试图逃避国际市场机制。少数政府在他们的农业发展战略中，尝试通过坚持粮食自给来实现粮食安全。

笔者试想，在危机的高峰过去以后，一种新的政策取向是否会被保留，而将粮食和农业政策引入 "新时期"，或者这些国家又将回到危机前的状况。本文的分析似乎证明了各国在 2008—2010 年的政策决策与 2007—2008 年粮食危机期间保持了很大程度的一致性。一个好的例证就是以补贴价格大规模支持农民使用改良的种子和肥料，这项政策实施的频次不断上升。

6.1 短期策略向中期或长期调整的趋势

2008 年的粮食安全危机强烈驱动各国将自身的粮食和农业政策纳入优先考虑范围，这导致了一系列缓解危机的短期策略出台。截至 2008 年年底，在走出粮食安全危机并经历了全球金融和经济危机影响后，各国开始更关注从中/长期的角度来考虑农业生产的支持政策。

各国政府也加大了对运输和收获后基础设施的建设和金融支持力度。他们引入了农作物保险计划，并加强农业部门的公共机构职能。各国在现有的短期政策基础上，引入了更多的中/长期措施，并将它们与长期目标进行整合。

两种典型的策略：第一，通过加大基础设施投资来改善小农对食物的可获得性；第二，建立国内的价格和政策信息系统，及时发现问题并将现行市价通知生产者。其他措施还包括技术援助，培训，农业公共研究，以及与土地和灌

---

① Demeke，M.，Pangrazio，G.，Maetz，M.，2008 年。各国对粮食危机的应对：政策推行的本质和初步影响，粮农组织，意大利罗马。

溉相关的政策。在粮食危机期间，政策已给予农业足够的关注，但在 2008 年后期关注逐步加深，并转向更长期的方向。

至于消费者以及改善后的食品安全网（如粮食援助），学校供餐和现金转移支付等措施的水平仍保持着粮食危机期间的执行力度，但在危机高峰期后，整合了更长期的发展因素。例如，2008 年安全网措施只是作为应急方案来实施，但现在这种援助方式变得更有针对性的指向最弱势群体。社会保障制度健全的国家更能从这些措施中受惠，并借此加强他们的体系建设。当粮食从本地供应时，也刺激了当地生产。一些粮食援助计划是为了帮助那些在过去 2 年中遭受自然灾害的国家，如叙利亚的干旱，中美洲的阿加莎飓风。现金转移支付方式更多发生在亚洲国家，在非洲却在减少；在拉丁美洲和加勒比地区，现金转移支付执行情况稳定，但强调了执行条件，从而保障饮食多样化和微量营养素的摄入量。就业机会的创造也开始由中期策略向长期策略转变。

6.2 贸易政策：在 2008 年危机后回到更平常的状态

贸易是唯一一个与 2007—2008 年采取的措施发生逆转的领域。虽然一些出口国为保持其国内低价，仍在实行出口限制，但与 2008 年不同的是，这些国家也在努力促进出口，并为国内生产提供支持和激励。然而，很难核实出口导向型的措施是否总是与本国的小农生产政策保持一致。在粮食进口国，早期针对进口便利化和增加农业投入品供应的措施仍被坚持。同时，为减少对区域外农产品进口的依赖，加强邻国间团结协作的区域贸易合作仍是重要的议事日程。

当高粮价以及金融和经济危机威胁到粮食安全时，农业和粮食政策的创新也为农业发展提供了机会。过去 3 年收集的政策值得重新审视其经验和教训，以识别哪些是驱动长远发展的最有效方法，并利用这一机会为新的粮食和农业时代提供与之适应的政策借鉴。

附 录

附录1　生产者导向的政策

	亚 洲													拉丁美洲与				
	阿富汗	孟加拉国	柬埔寨	中国	印度	印度尼西亚	尼泊尔	巴基斯坦	菲律宾	韩国	斯里兰卡	泰国	越南	阿根廷	巴哈马	巴巴多斯	贝利切	玻利维亚
投入品补贴					√	√	√	√	√		√			√				
投入品分配	√	√			√		√		√				√					√
投入品优惠券																		
种子改良	√	√			√				√									
投入品价格控制		√		√					√	√		√	√					
农业投入品税收			√		√													
金融/信用	√	√	√	√	√			√				√	√					√
保险计划		√									√	√						√
制度	√			√					√	√								√
政府采购				√					√				√					
资产/基础设施	√	√	√			√	√		√		√		√					√
信息采集系统				√									√					
新的土地政策		√																√
就业	√			√	√		√					√		√				
技术推广			√				√		√					√	√	√	√	√

加勒比地区

巴西	智利	哥伦比亚	哥斯达黎加	古巴	多米尼加共和国	厄瓜多尔	萨尔瓦多	格林纳达	危地马拉	圭亚那	海地	洪都拉斯	牙买加	墨西哥	尼加拉瓜	巴拿马	巴拉圭	秘鲁	波多黎各	特立尼达和多巴哥	乌拉圭	委内瑞拉
		✓				✓			✓	✓				✓	✓	✓						
✓	✓	✓	✓		✓	✓	✓	✓	✓	✓		✓			✓	✓	✓				✓	✓
✓									✓			✓				✓						
			✓			✓			✓						✓							
✓		✓				✓					✓	✓										✓
																					✓	
✓	✓	✓	✓			✓	✓		✓		✓	✓	✓		✓	✓		✓			✓	✓
✓	✓					✓			✓						✓				✓			
✓	✓	✓				✓																✓
✓	✓	✓			✓	✓						✓										✓
✓	✓				✓				✓		✓											✓
✓	✓				✓			✓	✓			✓		✓		✓					✓	
✓					✓			✓	✓			✓		✓							✓	
✓		✓			✓				✓						✓				✓			✓
✓	✓	✓	✓		✓	✓			✓	✓	✓	✓		✓		✓	✓			✓	✓	✓

	贝宁	布基纳法索	布隆迪	喀麦隆	佛得角	中非共和国	乍得	吉布提	刚果（金）	埃塞俄比亚	冈比亚	加纳	肯尼亚	利比里亚	马达加斯加	马拉维	非 马里
投入品补贴							√		√			√	√		√		√
投入品分配	√																
投入品优惠券									√	√	√	√	√				√
种子改良																	
投入品价格控制		√		√								√					
农业投入品税收							√										
金融/信用																	
保险计划				√				√	√	√	√	√			√		
制度											√	√					
政府采购				√				√			√	√	√				
资产/基础设施		√															√
信息采集系统					√							√	√				
新的土地政策		√			√												
就业		√							√			√					
技术推广		√		√	√									√			

（续）

洲													近					东	
莫桑比克	尼日利亚	卢旺达	塞内加尔	塞拉利昂	南非	苏丹	斯威士兰	坦桑尼亚	多哥	乌干达	赞比亚	津巴布韦	阿尔及利亚	埃及	毛里塔尼亚	摩洛哥	叙利亚	突尼斯	也门
✓	✓	✓				✓					✓	✓	✓		✓	✓	✓	✓	✓
						✓			✓					✓	✓		✓	✓	✓
	✓	✓						✓											
		✓															✓	✓	
✓	✓	✓	✓														✓	✓	✓
	✓								✓	✓			✓			✓		✓	
						✓		✓		✓			✓	✓		✓		✓	
✓					✓								✓						
			✓					✓	✓	✓	✓		✓			✓	✓	✓	
	✓	✓	✓	✓	✓														
			✓			✓			✓		✓		✓	✓	✓	✓		✓	✓
	✓	✓	✓										✓						
	✓	✓				✓			✓				✓	✓		✓	✓	✓	
✓	✓		✓					✓	✓						✓		✓	✓	
	✓	✓	✓					✓					✓		✓				

附录 2　贸易导向政策

| | 亚洲 | | | | | | | | | | | | | 拉丁美洲与 | | | | |
	阿富汗	孟加拉国	柬埔寨	中国	印度	印度尼西亚	尼泊尔	巴基斯坦	菲律宾	韩国	斯里兰卡	泰国	越南	阿根廷	巴哈马	巴巴多斯	贝利切	玻利维亚
移除/减少					√		√	√	√	√		√					√	√
征收/增加										√			√	√				
禁令解除/配额扩大										√				√				
禁止或配额扩大				√		√					√							
SPS 措施对进口①						√												
移除/减少		√		√	√			√				√		√				
征收/增加				√														
禁令解除/配额扩大		√		√				√					√					√
禁止或施加配额				√	√	√								√				√
出口补贴				√														
促进出口②				√									√	√			√	
贸易协定				√			√										√	

加勒比地区																						
巴西	智利	哥伦比亚	哥斯达黎加	古巴	多米尼加共和国	厄瓜多尔	萨尔瓦多	格林纳达	危地马拉	圭亚那	海地	洪都拉斯	牙买加	墨西哥	尼加拉瓜	巴拿马	巴拉圭	秘鲁	波多黎各	特立尼达和多巴哥	乌拉圭	委内瑞拉
√		√	√			√								√	√	√						
		√											√									
		√				√			√							√	√					√
√												√					√					
√			√				√							√		√						√
√	√	√	√				√		√			√		√	√	√	√					√
		√	√			√						√			√	√						
						√												√				
√															√							
√	√	√		√										√	√			√			√	
√	√	√		√		√			√					√	√			√				√

	贝宁	布基纳法索	布隆迪	喀麦隆	佛得角	中非共和国	乍得	吉布提	刚果（金）	埃塞俄比亚	冈比亚	加纳	肯尼亚	利比里亚	马达加斯加	马拉维	非 马里
移除/减少						√			√				√				√
征收/增加											√	√	√				
禁令解除/配额扩大																	
禁止或配额扩大									√								
SPS 措施对进口①																	
移除/减少																√	
征收/增加																	
禁令解除/配额扩大						√			√							√	
禁止或施加配额						√			√				√				
出口补贴																	
促进出口②																	
贸易协定			√	√									√				

注：①进口的卫生和检疫措施。

②该类别包括：努力提高产品出口到目标市场的准入（SPS 规则），出口信贷，制度措施，促进出口和降低最低出口价。

（续）

洲													近　东						
莫桑比克	尼日利亚	卢旺达	塞内加尔	塞拉利昂	南非	苏丹	斯威士兰	坦桑尼亚	多哥	乌干达	赞比亚	津巴布韦	阿尔及利亚	埃及	毛里塔尼亚	摩洛哥	叙利亚	突尼斯	也门
✓		✓						✓		✓	✓	✓	✓	✓		✓	✓		
	✓	✓														✓	✓		✓
																	✓		
			✓											✓		✓	✓		✓
														✓	✓	✓	✓	✓	
														✓					
														✓					
								✓				✓	✓				✓		
										✓	✓					✓			
																	✓	✓	
✓								✓				✓		✓	✓		✓	✓	✓
		✓				✓		✓		✓						✓			

附录 3　消费激励政策

	亚　洲													拉丁美洲与				
	阿富汗	孟加拉国	柬埔寨	中国	印度	印度尼西亚	尼泊尔	巴基斯坦	菲律宾	韩国	斯里兰卡	泰国	越南	阿根廷	巴哈马	巴巴多斯	贝利切	玻利维亚
提供粮食援助		✓	✓	✓	✓		✓		✓									
学校供餐					✓		✓		✓									
现金转移支付					✓	✓	✓				✓		✓	✓				✓
粮食储备	✓	✓	✓					✓			✓	✓						
价格管制		✓			✓			✓	✓	✓		✓			✓		✓	✓
免除增值税						✓	✓						✓					
就业计划		✓		✓	✓		✓	✓			✓	✓						
营养与健康援助	✓		✓	✓	✓	✓	✓	✓	✓	✓		✓		✓	✓		✓	✓

加勒比地区

巴西	智利	哥伦比亚	哥斯达黎加	古巴	多米尼加共和国	厄瓜多尔	萨尔瓦多	格林纳达	危地马拉	圭亚那	海地	洪都拉斯	牙买加	墨西哥	尼加拉瓜	巴拿马	巴拉圭	秘鲁	波多黎各	特立尼达和多巴哥	乌拉圭	委内瑞拉
√	√	√			√	√	√		√			√			√	√	√		√			√
√		√	√		√		√		√			√	√	√		√	√					√
	√				√	√			√			√							√			
√							√		√													√
	√				√	√						√										√
													√			√					√	
												√		√								√
√	√	√	√	√	√	√	√	√	√	√	√	√	√	√	√	√	√		√	√	√	√

	贝宁	布基纳法索	布隆迪	喀麦隆	佛得角	中非共和国	乍得	吉布提	刚果（金）	埃塞俄比亚	冈比亚	加纳	肯尼亚	利比里亚	马达加斯加	马拉维	非 马里
提供粮食援助	√	√								√						√	
学校供餐		√			√							√					√
现金转移支付					√					√		√		√			
粮食储备		√			√		√				√	√				√	
价格管制		√		√			√						√	√		√	√
免除增值税								√		√							
就业计划					√												
营养与健康援助		√						√		√	√	√					√

（续）

洲													近　东						
莫桑比克	尼日利亚	卢旺达	塞内加尔	塞拉利昂	南非	苏丹	斯威士兰	坦桑尼亚	多哥	乌干达	赞比亚	津巴布韦	阿尔及利亚	埃及	毛里塔尼亚	摩洛哥	叙利亚	突尼斯	也门
								√	√			√			√		√	√	√
		√	√						√										
												√	√		√		√		√
	√	√						√	√		√		√					√	
√			√					√	√			√				√	√		
										√	√		√		√			√	
√	√								√										
		√	√	√					√	√			√			√	√		

附录 4 营养和健康干预措施

			妈妈	儿童	老人	全体	主要营养补充	疫苗	食品强化	营养和健康教育	开始时间
非洲	摩洛哥	恢复碘盐的消费、生产和销售				√			√		2009
	莫桑比克	哺乳	√	√							2008
	塞内加尔	艾滋病毒/艾滋病防治管理				√				√	2009
	塞拉利昂	医疗保健和营养实践培训课程	√							√	2008
	多哥	强化食品维生素 A 含量，特别是在乳制品				√			√		2009
亚洲	柬埔寨	铁叶酸，维生素 A，破伤风	√				√	√			NA
	中国	碘盐				√	√				2010 年后
	印度	维生素 A，补碘	√	√			√	√	√		1961 年后
		产前检查，住院分娩（生殖和儿童健康项目）	√								NA
		疾病控制项目为：肺结核，失明，麻风病，登革热和疟疾（国家农村卫生使命）				√		√		√	2007 年后
	尼泊尔	厨房菜园，加强对学校人群的营养补充		√					√		2005 年后
		结核病计划				√		√			2009 年后
		卡介苗，百白破，肝炎，脊髓灰质炎，麻疹疫苗接种计划		√				√			2009 年后
		母婴护理	√	√							2007 年后
		脑炎	√	√				√			2009
		计划生育方案	√							√	2009 年后
	菲律宾	对学校派发铁强化大米（IFR）计划（自 2004 年以来实施）		√					√		2010 年后

（续）

			妈妈	儿童	老人	全体	主要营养补充	疫苗	食品强化	营养和健康教育	开始时间
拉丁美洲	玻利维亚	微量元素补充；营养和健康教育（马鲛鱼）	√	√			√		√		2008
	巴西	厨师和餐饮经理经验分享粮食和营养安全经验				√				√	2010
		向学校供餐计划介绍烘培方案		√							2010
	哥伦比亚	含铁，锌和叶酸的强化乳制品		√					√		2008
	多米尼加共和国	强化乳制品				√			√		2010
	厄瓜多尔	食品补充剂和强化牛奶食品和儿童营养计划		√					√		2010
		强化铁		√		√					
		母乳喂养运动	√	√							2010
	萨尔瓦多	肺结核，白喉，破伤风，百日咳，乙型肝炎，嗜血杆菌流感，轮状病毒，麻疹，风疹和流行性腮腺炎		√				√			2009
	危地马拉	分发食物补充剂（铁，钙，维生素 A 和维生素C），食用油，豆类，玉米，大米，糖				√			√		2010
		强化乳制品		√		√			√		2010
		食品和营养沟通教育和培训计划				√				√	2010
	墨西哥	生产支持，保证营养食物的提供，如水果，蔬菜，谷物，肉类和鱼类				√					2010
		为公立和私立学校提供高营养食物（AMA-RANTO)		√							2010
		对厨房和学校供餐开展卫生培训		√		√				√	2010
	尼加拉瓜	加强食品分发力度	√	√					√		2009
	巴拿马	加强大米供应				√			√		2009
	牙买加	母乳喂养运动	√	√							2009
	乌拉圭	强化乳制品		√							2010

注：以上干预措施已经实施了很长一段时间。在非洲、拉丁美洲和加勒比地区，上表中报告的决策经历了最近的变化（2008—2010 年）。

附录 5　2008 年及之后生产者导向政策比较[1]

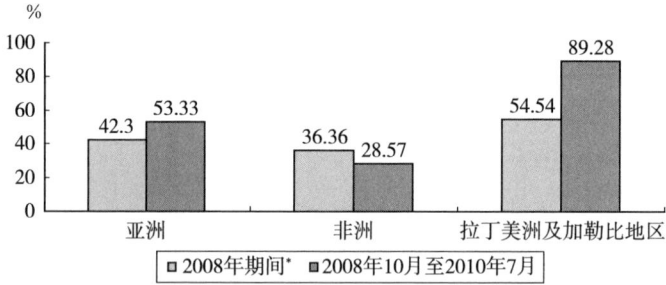

生产支持计划*

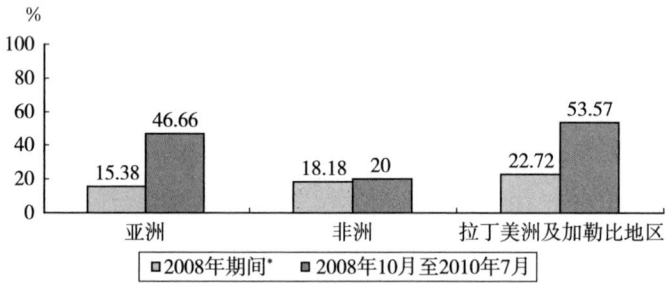

生产安全网*

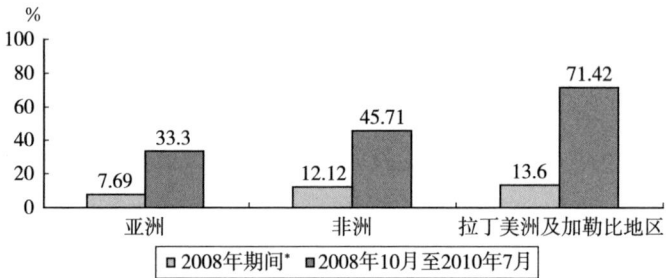

化肥和种子计划*

　*生产支持计划主要包括生产补贴和一般性投入品的补贴。生产安全网是指有针对性的投入品补贴（对贫困的生产者），而化肥和种子计划主要是为提高化肥和种子的可获得性。

[1]　2008 年的数据摘自 Demeke，Pangrazio，Maetz（2008）报告，样本包括 81 个国家：亚洲（26 个国家），非洲（33 个国家）以及拉丁美洲和加勒比地区（22 个国家）。亚洲包括中东，非洲是指北部和撒哈拉以南非洲。

附录6　2008年及之后贸易导向政策比较

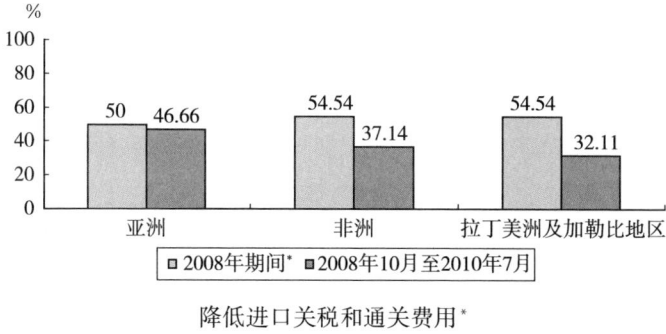

降低进口关税和通关费用*

（图例：□ 2008年期间*　■ 2008年10月至2010年7月）

亚洲：50 / 46.66　非洲：54.54 / 37.14　拉丁美洲及加勒比地区：54.54 / 32.11

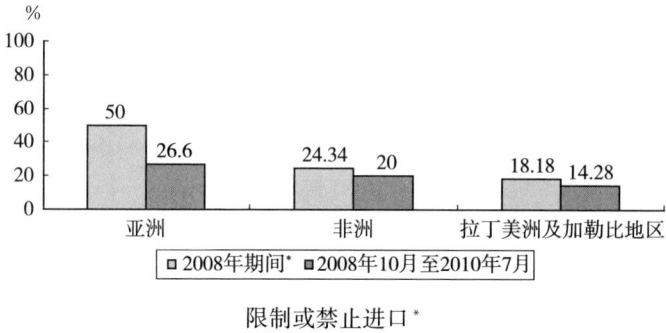

限制或禁止进口*

（图例：□ 2008年期间*　■ 2008年10月至2010年7月）

亚洲：50 / 26.6　非洲：24.34 / 20　拉丁美洲及加勒比地区：18.18 / 14.28

* 在某些情况下对减少进口关税以及出口限制做出的比较可能是基于不同商品的不同时期。

附录 7　2008 年及之后消费激励政策

%

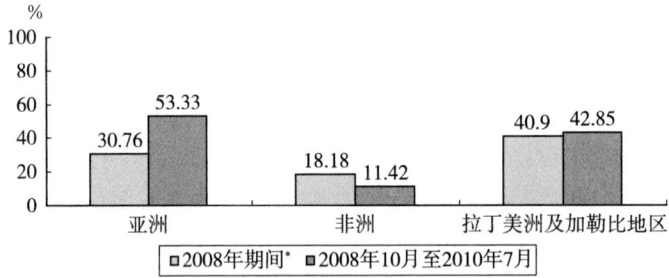

现金转移支付

%

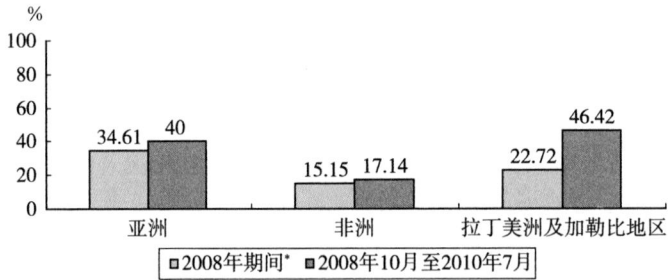

粮食援助

%

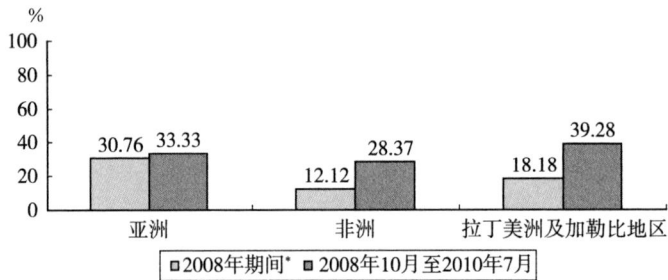

增加可支配收入

参考文献
— REFERENCE

ADB. 2010. *Asian development economic outlook* 2010 *update.* The future growth in Asia. Asian Development Bank. Available at: http://www. adb. org/sites/default/files/pub/2010/ado2010-update. pdf

Arndt, C. Benfica, R. Maximiano, N. Nucifora, A. Thurlow, J. 2008. Higher fuel and food prices: impacts and responses for Mozambique. *Agricultural Economics 39*, supplement 497-511. Available at: http://onlinelibrary. wiley. com/doi/10. 1111/j. 1574-0862. 2008. 00355. x/pdf

Benson, T. Mugarura, S. Wanda, K. 2008. Impacts in Uganda of rising global food prices: the role of diversified staples and limited price transmission. *Agricultural Economics 39*, supplement 513-524. Available at: http://onlinelibrary. wiley. com/doi/10. 1111/j. 1574-0862. 2008. 00356. x/pdf

CEPR. 2009. What can be learned from crisis-era protectionism? An initial assessment, *Discussion Paper No. 7494* October 2009. Centre for Economic Policy Research, International Trade and Regional Economics. Available at: http://www. globaltradealert. org/sites/default/files/CEPR% 20DP7494 _ 0. pdf

Cilliers, J. Hughes, B. Moyer, J. 2011. *African futures 2050 the next forty years.* Institute for Security Studies. Available at: http://www. issafrica. org/uploads/Mono175wCover. pdf

ECA & AU. 2009. *The global financial crisis: impact, responses and way forward.* United Nations Economic Commission for Africa & African Union Commission. Available at: http://www. un. org/esa/ffd/events/2010GAWGFC/3/ paper2. pdf

FAO. 2010a. *Panorama de la seguridad alimentaria y nutricional en América*

Latina y el Caribe，Food and Agriculture Organization，Regional Office for Latin America and the Caribbean，Santiago，Chile. Available at：http：//www. rlc. fao. org/es/prioridades/seguridad/pdf/panorama10. pdf

FAO. 2010b. *Selected indicators on food and agricultural development in the Asia and Pacific Region 1999-2009*，Food and Agriculture Organization，Regional Office for Asia and the Pacific，Bangkok，Thailand. Available at：http：//www. fao. org/docrep/013/i1779e/i1779e00. htm

FAO. 2009d. *Agricultural reforms and trade liberalization in China and selected Asian countries：lessons of three decades.* Policy Assistance Series 6，Food and Agriculture Organization，Regional Office for Asia and the Pacific，Bangkok，Thailand. Available at：http：//www. fao. org/docrep/012/i1032e/i1032e00. htm

FAO. 2009b. *Aumento en los precios de los alimentos in América Latina y el Caribe*，Food and Agriculture Organization，Regional Office for Latin America and the Caribbean，Policy Group，Santiago，Chile. Available at：http：//www. revistaperspectiva. com/archivos/revista/No%2018/052-058. pdf

FAO. 2009c. *Panorama de la seguridad alimentaria y nutricional en América Latina y el Caribe*，Food and Agriculture Organization，Regional Office for Latin America and the Caribbean，Santiago，Chile. Available at：http：//www. rlc. fao. org/es/prioridades/seguridad/pdf/panorama09. pdf

FAO. 2009d. *Políticas de reemplazo de importaciones agrícolas.* Food and Agriculture Organization，Rome，Italy. Available at：http：//www. rlc. fao. org/fileadmin/content/publicaciones/informesprecios/Politicas. pdf

FAO. 2009e. *The state of food and agriculture 2009：livestock in the balance.* Food and Agriculture Organization，Rome，Italy. Available at：http：//www. fao. org/docrep/012/i0680e/i0680e. pdf

FAO & WFP. 2009. *The state of food insecurity in the world. Economic crises，impacts and lessons learned.* Food and Agriculture Organization and

World Food Programme, Rome, Italy. Available at: http://www.fao.org/docrep/012/i0876e/i0876e00.htm

FAO. 2008a. *The state of food and agriculture in Asia and the Pacific region 2008.* Food and Agriculture Organization, Rome, Italy. Available at: http://www.fao.org/docrep/010/ai411e/ai411e00.htm

Freedman et al. 2009. The case for global fiscal stimulus, *Staff Position Note SPN/09/03*, International Monetary Fund, Washington DC, USA.

Ganesh-Kumar, A., Devesh Roy & Ashok Gulati. 2010. Liberalising food grain markets. Experiences, impact, and lessons from South Asia. *IFPRI Issue Brief 64*, August. Available at: http://www.ifpri.org/sites/default/files/publications/ib64.pdf

Gale, F. Lohmar & B. Tuan, F. 2005. *China's new farm subsidies.* Economic Research Service, United States Department of Agriculture (USDA). Available at: http://webarchives.cdlib.org/sw1s17tt5t/http://ers.usda.gov/publications/WRS0501/WRS0501.pdf

IFPRI. 2010a. *Halving hunger: Meeting the first development goal through "business as unusual".* Washington DC, USA. Available at: http://www.ifpri.org/publication/halving-hunger

IFPRI. 2010b. *Reflections on the global food crisis.* Washington DC, USA. Available at: http://www.ifpri.org/publication/reflections-global-food-crisis

International Grain Council. *Reports. 2009, 2010.* Available at: http://www.igc.int

IMF. 2010. *Cross cutting themes in the employment experiences during the crisis. Strategy, policy and review department.* International Monetary Fund, Washington DC, USA. Available at: http://www.imf.org/external/pubs/ft/spn/2010/spn1018.pdf

IMF. 2007. *Regional economic outlook*, Sub-Saharan Africa. International Monetary Fund, Washington DC, USA. Available at: http://www.imf.org/external/pubs/ft/reo/2007/afr/eng/sreo0407.htm

IMF. 2008. IMF *International Financial Statistics Yearbook 2008*. International Monetary Fund, Statistics Dept., Washington DC, USA

IMF. 2008. *Food and fuel prices-recent developments, macroeconomic impact, and policy responses*, prepared by the Fiscal Affairs, Policy Development and Review, and Research Departments. International Monetary Fund, Washington DC, USA. Available at: http://www.imf.org/external/np/pp/eng/2008/063008.pdf

Jara, A. Moreno, R. Tovar, C. 2009. The global crisis and Latin America: financial impact and policy responses, in: *BIS Quarterly Review, June 2009*. Available at: http://www.bis.org/publ/qtrpdf/r_qt0906f.pdf

Jones, D. and Kwiecinski, A. 2010. Policy responses in emerging economies to international agricultural commodity price surges, *OECD Food, Agriculture and Fisheries Working Papers*, No. 34, OECD, Paris, France. Publishing. http://dx.doi.org/10.1787/5km6c61fv40w-en

Lin, J. Y. & Will, M. 2010. The financial crisis and its impacts on global agriculture. 01/09/2010. *The World Bank Policy Research Working Paper 5431*. The World Bank, Washington DC, USA.

Miller et al. 2010. *Agricultural investment funds for developing countries*. Food and Agriculture Organization, FAO, Rome, Italy.

Minot, N. 2010. *Transmission of world food price changes to markets in Sub-Saharan Africa*. International Food Policy Research Institute (IFPRI), Washington DC, USA. Available at: http://www.ifpri.org/publication/transmission-world-food-price-changes-markets-sub-saharan-africa

Mitra, S. Josling, T. 2009. *Agricultural export restriction. Welfare impli-*

cation and trade disciplines. International Food and Agricultural Council. IPC Position Paper, Agricultural and Rural Development Policy Series. Available at: http://www. agritrade. org/documents/ExportRestrictions_final. pdf

Mulder, N. 2009. Weak links between exports and economic growth in Latin America and the Caribbean. *Serie comercio internacional 91*, *ECLAC*, (The Economic Commission for Latin America), Santiago, Chile. Available at: http://www. eclac. org/publicaciones/xml/2/36272/exports _ economic _ growth_LAC_serie_91. pdf

Naudé, W. 2010. The global economic crisis and developing countries: Effects, responses, and options for sustainable recovery, *Poverty & Public Policy: Vol. 2: Iss. 2, Article 8*. http://www. psocommons. org/ppp/vol2/iss2/art8

Norton, R. D. 2004. *Agricultural development policy. Concept and experiences*, Wiley Edition. Summary available at: http://www. fao. org/tc/policy-support/list-of-publications/pub-det-tcas/en/? dyna _ fef% 5Buid% 5D =46007

N'zue, F. 2010. *Impact of the global financial crisis on trade and economic policy making in Africa*. African Centre for Economic Transformation, Accra, Ghana. Available at: http://www. globaltradealert. org/sites/default/files/GTA5_Nzue. pdf

Nkonde, C. Mason, N. Sitko, N. Jayne, T. 2011. Who gained and who lost from Zambia's 2010 Maize marketing policy. *Food Security Research Project Working Paper Number 49*, Lusaka, Zambia.

Ogunleye, E. 2010. *Effects of post crisis foreign trade policy measures on economic and trade performance in Africa*. African Centre for Economic Transformation, Accra, Ghana. Available at: http://www. globaltradealert. org/sites/default/files/GTA5_ogunleye. pdf

OECD，FAO. 2010. *OECD-FAO Agricultural Outlook 2010-2019*，Paris，France. Available at：http://www. agri-outlook. org/dataoecd/13/13/45438527. pdf

OECD. 2009. *Agricultural policies in emerging economies. Monitoring and evaluation.* Organisation for Economic Co-Operation and Development，Paris，France. Available at：http://www. oecd. org/dataoecd/54/30/42347206. pdf

OECD. 2009. *The effectiveness and scope of fiscal stimulus*，Interim Economic Outlook，Organisation for Economic Co-operation and Development，Paris，France.

OECD & FAO. 2009. *OECD-FAO Agricultural Outlook 2009-2018*，Paris，France. Available at：http://www. fao. org/es/esc/common/ecg/599/en/OECD_Highlights. pdf

Piñeiro，M. Bianchi，E. Uzquiza，L. Trucco，M. 2010. Food security policies in Latin America. *Series on trade and food security*，*Policy report 4*. International Institute for Sustainable Development，Manitoba，Canada. Available at：http://www. iisd. org/tkn/pdf/food_security_policies_latin_america. pdf

Prakash，A. （ed.）. 2011. *Safeguarding food security in volatile global markets*. Food and Agriculture Organization of the United Nations FAO. Rome，Italy. Available at：http://www. fao. org/docrep/013/i2107e/i2107e. pdf

Rahman，M. Moazzem，K. Hossain，S. *National responses to the financial and economic crisis*，the case of Bangladesh，Prepared for ILO. Centre for Policy Dialogue (CPD)，Dhaka，Bangladesh.

Rocha，C. 2009. Development in national policies for food and nutrition security in Brazil. Development Policy Review. *The Journal of the Overseas Development Institute*，*26*，*no. 6*（2009），51-66. Available at：http://onlinelibrary. wiley. com/doi/10. 1111/j. 1467-7679. 2009. 00435. x/pdf

SELA. 2010. *Food security and food prices in Latin America and the Caribbean*: *current situation and prospects*, XXXVI Regular Meeting of the Latin American Council Caracas, Sistema Económico Latinoamericano y del CaribeVenezuela. A-vailable at: http://www. sela. org/attach/258/EDOCS/SRed/2010/10/ T023600004414-0-Food_ security_and_food_prices_in_LAC. pdf

Son, **H.** 2008. Conditional cash transfer programme. Asian Development Bank. *ERD*, *Policy Brief Series*, *N. 51*, Mandaluyong City 1550, Philip-pines. Available at: http://www. adb. org/publications/conditional-cash-transfer-programs-effective-tool-poverty-alleviation

Thapa, **Gopal B.** , **P. K. Viswanathan**, **Jayanat K. Routray and Mokbul M. Ah-mad.** 2010. *Agricultural transition in Asia*: *trajectories and challenges*. A-sian Institute of Technology, Pathumthani Thailand.

Timmer, **P.** 2010. Reflections on food crises past. *Food Policy*, *2010*, *vol. 35*, *issue 1*, *pages 1-11.*

Timmer, **P. Falcon**, **W. Pearson**, **S.** 2009. *Food policy analysis*. World Bank, John Hopkins University press, Baltimore and London. Available at: http://www. stanford. edu/group/FRI/indonesia/documents/foodpolicy/ front. fm. html

Tiwari, **Sailesh and H. Zaman.** 2010. The impact of economic shocks on global undernourishment, *Policy Research Working Paper 5215*. Policy reduction and equity unit. World Bank, Washington DC. Available at: http://www-wds. worldbank. org/servlet/WDSContentServer/WDSP/IB/2010/02/23/ 000158349_20100223161348/Rendered/PDF/WPS5215. pdf

Thompson, **W. Tallard**, **G.** 2010. Potential market effects of selected policy op-tions in emerging economies to address future commodity price surges. *OECD Food*, *Agriculture and Fisheries Working Papers*, *No. 35*. Available at: ht-tp://www. oecd-ilibrary. org/docserver/download/fulltext/5km658j3r85b. pdf?

expires＝1341840131&id＝id &accname＝guest&checksum＝B6B3B8E815ACBB
1C27ABFB4747EA1FBF

The Committee of African Finance Ministers and Central Bank Governors. 2009.
*Impact of the Crisis on African Economies Sustaining Growth and Poverty
Reduction.* Available at: http://www. afdb. org/fileadmin/uploads/afdb/
Documents/Generic-Documents/impact％ 20of％ 20the％ 20crisis％ 20and％
20recommendations％20to％20the％20 G20％20-％20March％2021. pdf

UNCTAD. 2009. *Global economic crisis: implications for trade and develop-
ment.* UNCTAD Trade and Development Board . United Nations Conference
on Trade and Development, Geneva, Switzerland.

UNCTAD. 2008. *Addressing the global food crisis: Key trade, investment
and commodity policies in ensuring sustainable food security and allevia-
ting poverty,* United Nations Conference on Trade and Development, Gene-
va, Switzerland.

UNSCN. 2010. *Climate change and nutrition Security.* 16th United Nations
conference of the parties (COP16). Mexico. United Nations, Standing
Committee in Nutrition. Available at: http://www. unscn. org/files/State-
ments/Bdef_NutCC_2311_final. pdf

UNSCN. 2008. *UNSCN Brief 2009 Global financial and economic crisis -the
most vulnerable are at increased risk of hunger and malnutrition.* Standing
Committee on Nutrition of the UN System.

Von Braun, J. 2009. *Overcoming the world food and agriculture crisis
through policy change and science.* Trust for Advancement of Agricultural
Science (TAAS) Fourth Foundation Lecture. International Food Policy Re-
search Institute, Washington DC, USA.

Webb, P. 2010. *Medium-to long-run implications of high food prices for
global nutrition.* Friedman School of Nutrition Science and Policy, Tufts U-
niversity, Boston, MA, USA.

World Trade Indicators. 2009/2010. *Djibouti Trade Brief*. Available at: http://info. worldbank. org/etools/wti/docs/wti2008/brief53. pdf

World Bank. 2009. *Latin America beyond the crises. Impacts policies and opportunities*. Washington DC, USA. Available at: http://siteresources. worldbank. org/LACEXT/Resources/LAC_Policy_Notes. pdf

World Bank. *2010. World development indicators 2010*. Washington DC, USA. Available at: http://data. worldbank. org/data-catalog/world-development-indicators/wdi-2010

Yu, X. Zhao, G. 2009. Chinese agricultural development in 30 Years: A literature review. *Frontiers of Economics in China*, *Vol. 4 (4): 633-648*. Available at: http://www. unigoettingen. de/de/184751. html

FAO, FAPDA Policy Monitoring, data from FAPDA Web-Based Tool. www. fao. org/tc/fapda-tool

FAO, Observatorio del Hambre, Boletín Bimestral. Situación Alimentaria en América Latina y el Caribe. http://www. rlc. fao. org/iniciativa/obdh2. htm

Working documents from the Food and Financial Crisis Seminar organized by FAO for selected countries: Bangladesh, Cambodia, China, India, Indonesia, Nepal, Sri-Lanka Thailand and Viet Nam (November 2010).

图书在版编目（CIP）数据

2008年粮食危机后的粮食与农业政策趋势：对农业发展问题的重新关注 /（ ）马特内·梅兹 (Materne Maetz) 等著；赵学尽译．—北京：中国农业出版社，2017.2

ISBN 978-7-109-22578-7

Ⅰ.①2… Ⅱ.①马… ②赵… Ⅲ.①粮食政策－研究－世界②农业政策－研究－世界 Ⅳ.①F316.11②F310

中国版本图书馆 CIP 数据核字（2017）第 004528 号

著作权合同登记号：图字 01－2017－0644 号

中国农业出版社出版
（北京市朝阳区麦子店街 18 号楼）
（邮政编码 100125）
策划编辑　郑　君　刘爱芳
文字编辑　张雯婷

北京中科印刷有限公司印刷　新华书店北京发行所发行
2017 年 3 月第 1 版　2017 年 3 月北京第 1 次印刷

开本：700mm×1000mm　1/16　印张：3.75
字数：130 千字
定价：30.00 元
（凡本版图书出现印刷、装订错误，请向出版社发行部调换）